아름다운 삶의 여정

아름다운 삶의 여정

永昌 한승훈 제2시집

● 삶의 여정

마음이 열리니
생각도 열리고
생각이 열리니
행동도 열린다

봄바람이
내 마음으로 불어와
그 마음을 녹여주어
내 마음의 자물쇠 풀었고

변산바람꽃처럼
봄을 알리는
전령사되어
이내 봄꽃 축제장 되었구나

소중한 인연을 길게
만들어서
흰구름 흘러가는
길목에 두고

행복의 빛과 그리고 그림자 삼으니
너와 나의 만남으로
세워졌구나

대가 없는 봉사는
소리소문 없지만

천리먼길 만리향으로
인간 냄새 풍긴다

그 향기 고결하여
값비싼 향수보다
깊고 깊게 스며들어

아름다운 삶의 여정에
곧은 뿌리 내렸네

대가 없는
봉사는 의미가
없어 보일지라도

사람은 누구나 배려 속에서
인간의 풍경을 그려낸다

사막의 오아시스 가치는
한 모금 물의 가치이듯

존중과 배려의 가치는
시대가 영웅을 만드는 의미로
경험과 체험의 현장에서
곧게 세워지는구나

永昌 한승훈

제1부

자연의 꿈과 조화

● 삶의 여정

개나리꽃 _ 13
변산바람꽃 _ 14
강남제비꽃 _ 16
봄날의 맹세 _ 18
여름이 오는 길목 _ 20
여름의 선율 _ 22
철쭉꽃 _ 23
진달래꽃 _ 24
삭정이 불 _ 26
황사 _ 27
금호강의 쏘가리 _ 28
꿈자리 _ 29
꽃의 열매 _ 30
고향으로 가는 길목 _ 31
자양댐 수변가 _ 32
충성대 골프장 _ 34

치산계곡 붕어 _ 36
임고천 미꾸라지 _ 38
은해사의 풍경 _ 39
동화사의 뭉게구름 _ 40
불로동의 단풍 _ 42
꽃피우기 위한 몸부림 _ 43
수도사의 호롱불 _ 44
파개재 가는 길목 _ 46
자양댐 청둥오리 _ 48
아침이슬꽃 _ 49
커피 한 잔 시켜놓고 _ 50
하루살이 _ 52
햇살이 비치는 오후 _ 53
흰구름 _ 54

제2부

아름다운 삶

삶과 자연 _ 57
사랑님 오시려나 _ 58
만남은 순간이라 _ 60
별바라기 _ 61
내고향이 가슴시리다 _ 62
행복의 기다림 _ 64
내일을 알 수 있다면 _ 66
팔공산의 밤하늘 _ 67
영혼의 숨은 그림자 _ 68
유한한 삶 _ 70
괴로움을 잊으려 미소짓네 _ 71
내 별을 찾아서 _ 72
하루의 일상 _ 73
드넓은 허공 _ 74
생일날의 기억거리 _ 76
이슬방울 _ 78
지는 해 바라보며 미소 가득 머물고 _ 80

세월길을 가노라면 _ 82
내면의 공간 _ 83
세월이 약이겠지요 _ 84
내일의 약속 _ 85
느림의 행복 _ 86
아름다운 풍경 _ 87
별자리의 모습 _ 88
흙냄새 _ 90
밤 풍경의 아름다움 _ 91
세월감의 연륜 _ 92
고요한 아침 _ 93
행복과 불행의 동반자 _ 94
삶의 고통과 멋 _ 96

제3부
인생의 풍경

과거로 가는 길 _ 99

눈물 속의 사연 _ 100

돌아보는 길 _ 101

별빛의 아름다움 _ 102

세월의 마음 _ 103

우정 _ 104

잊혀진 마음 _ 105

인연의 끈 _ 106

저 하늘의 향기 _ 108

추억의 향기 _ 109

구름같은 삶 _ 110

타향살이 _ 112

젊은날의 아름다움 _ 113

젊은이의 기도 _ 114

눈물편지 _ 115

만남의 추억 _ 116

친구의 깊은 눈망울 _ 117

우리집 가는 길 _ 118

이별이 슬픈 것은 _ 119

험난한 세상 _ 120

걸어온 길 _ 122

광야의 길 _ 124

산중의 생활 _ 125

대중의 삶 _ 126

멋스런 세상 _ 128

허수아비 _ 129

시골의 우물 _ 130

위험을 감수하는 것 _ 132

순간마다 일어나는 일 _ 133

자연의 풍경 _ 134

제4부

세상의 선물

남을 주는 기쁨 __ 137
내가 만든 나의 길 __ 138
노방초의 선물 __ 139
나눔의 저편에서 __ 140
남을 돕는것 __ 142
빛과 그림자 __ 144
작은 정성 하나 __ 146
삶의 태도 __ 147
유한한 삶 나눔의 영원함 __ 148
마음을 치유한다 __ 150
치맛폭의 어린아이 __ 151
답을 아는 공부 __ 152
가장 나쁜 일을 하며 __ 153
산다는 것 __ 154
세월의 저편 __ 155
늙어가는 여유로움 __ 156
완벽한 사랑 __ 157

내가 있는 곳 __ 158
나눔과 행복 __ 160
이웃과 더불어 __ 161
이웃과 함께하는 오늘 __ 162
작은 꽃이 아름답다 __ 163
버리는 삶과 봉사 __ 164
부귀로는 얻는 게 없다 __ 166
왜 사느냐고 묻거든 __ 168
같이 가는 인생 __ 169
혼자는 외롭다 둘은 즐겁다
      여럿은 행복하다 __ 170
다 내려놓고 __ 171
영원으로 가는길 __ 172
희망 __ 174

제1부

•

자연의 꿈과 조화

개나리꽃

산 기슭 양지에서 자라나
봄소식을 전해주고

연교지엽은 발열 환우에게
쾌유의 소식으로 다가오네

개나리 꽃 자태는
수형이 아름다워
모든이의 벗되네

이른봄 집 담장에
꿈 부풀어서
한 줄기 빛 되고
희망의 꽃 봉우리로

너와나의 가슴속 용광로 되네

변산바람꽃

봄의 전령사인 그대
한겨울의 끝자락에

혹독한 추위를 뚫고
맨 먼저 자라나는 꽃

작고 여리여리하지만
강한 생명의 의지로

뭇사람들의 꽃정원에
자리잡았네

눈속에 피어 설중화요
자세히 보지 않으면
보이지 않으니 수줍음화요

보물 찾아 나선
희귀화라

바윗돌 위에
고개들고 그 베개삼아

기대어 누운 작은
꽃송이의 애닯음에

봄소식은
잊지 않고 찾아왔구나

강남제비꽃

강남 갔던 제비가
돌아오려나 보다

첫 손님을 맞이하는
제비꽃의 손길이
바쁘게 움직이네

농민들의 거친 손길에는
거추장스런 잡초일지라도

연인을 기다리는
첫소식의 깨끗함과
우아함을 지녔기에

순진무구 사랑꽃으로
영글어지네

오랑캐 머리 닮아
오랑캐꽃이라 슬프지만

인고의 고통을
가슴에 묻은
세월의 흔적은 지울 수 없네

봄소식과 계절의
하모니를 연주하는
강남제비꽃

슬프고 아픈 추억을
곱씹으며
홀로 남은 제비꽃잎이
고개를 떨구고 있네

봄날의 맹세

한 계절이 지난다
끝나지 않을 꽃 향기의 추억이
끝나가니
그곳에 새로난
길이 있다

그 길은 무더위와 장맛비로
얼룩질 질퍽거림이 있다

그 고통의 진흙길을
끝없이 걸어가야 하는 사람이 있다

진흙길은
오르막길 내리막길
힘들 땐 멈추고 쉬어가다가도

급한 성질 못이겨 내달리다가
진흙길에 엎어져
짐꾸러미 다 망치고
후회한들 무슨 소용이랴

진흙길 끝난 곳에
홀로서서 돌아보니
견딘 것이 대단하고
영광으로 남아있다

스스로 자랑삼아
진흙길의 여정에서
내일을 바라보니
동행하는 그 모습이
꽃반지 낀 새끼손가락이네

여름이 오는 길목

회색빛 하늘이
낮아보이고
들판의 생명들은
깊은 뿌리를 내리고

짙푸르게 넓어진 들녘에
철새들이 노래하네

앞마을의 정자에서
노인들의 화담소리

앞개울의 물속에서
송사리의 속삭임이

봄이 가는 아쉬움에
냇가는 손짓하네

가는 세월 무슨 수로
잡는다고 장담하고
노인들의 한숨소리

이제 가면 언제 오나
내일의 봄소식을
기다리는 심정으로
낮잠을 청하네

여름의 선율

먹구름 속에
숨어있는 빗줄기가 두려워
숨죽이고 주저한다

천둥 번개 속에
담겨진
고통의 의미를
깊게 헤아리고
주위가 고요해지기를
무작정 기다린다

먹구름 속에
숨어있는 폭풍우의 움츠림이
대지를 두렵게 한다

먹구름 속의 숨겨진 고통을 찾아내서
마음의 활화산으로 토해낸다

고통도 환희도 저 먹구름 속에서
피어나는 갈등으로
나타나 내 마음속에 깃든다

나눔도 베품도 아름답게 영그는 여정 속에
빛을 세우고 희망을 심어
내일을 기다린다.

철쭉꽃

살랑살랑 봄바람
꽃잔디밭 철쭉꽃

어울려서 멋지니
홀로되면 외로워라

봄 내음 맡으러
생각없이 가는 길
꿀벌의 날개 소리
귓전에 아롱지고

봄 떠나는 아쉬움에
집 찾아 바삐가는
꿀벌들의 소동에

낮잠을 망치고서
콧노래말 깊어지니

한 시름을 이겨낸
님 향한 향수로
널리 널리 메아리라

진달래꽃

봄바람 탄
진달래는
산 너머 대지를 물들이고

봄 익는 소리에
맑은 하늘을 보며
사람들은 들떠 있다

봄바람에 일렁이는
수백만 송이의
진달래가
꿀벌들을 유혹한다

그 날개짓에
진달래는 화답한다

상춘객은 콧노래로
추억을 남기고자
발걸음이 바빠진다

봄날에 찾아온
고향의 등산로길

어릴 적 진달래는
연분홍 치맛자락으로
내 마음을 맞이한다

삭정이 불

다 타버린 굼불 속
풍구에 날리고

숨은 작은 불씨는
어린이의 한 줌의 사탕이네

겉으로 나타내서
입안에 숨기지만

끈질긴 삭정이 불은
마음의 불로 오랫동안 밝히네

풍구와의 인연으로
새 생명 얻었네

황사

희미한 터널
공간을 뚫고
사랑 찾아 떠나는 길

뿌연 황사가
달리는 앞길을
놓아주질 아니하네

마음은 희망 찾아
이내 도착하였건만

몸은 아직 뒷전이라
잠못 이뤄 지척이고
내일 일도 잊은 채

다시 갈 길 서두르나
앞길 캄캄 어두워서
불빛으로 밝히고자
급한 마음 달래보네

금호강의 쏘가리

날 풀린 금호강
황소개구리는
여기저기 알 낳고
내일 일을 꿈꾸지만

환경파괴
질서파괴
잡아 올린 한 마리는
사람들의 원성으로
몰매 맞고 황천길

겨울 보낸 쏘가리가
배고파서 두리번
숨어있는 알을 본즉
이내 포식 이뤄지고

살아서 도망갈까
올챙이는 어리둥절
뜬눈 장님 되어져서

쏘가리의 잔치상에
올라오는 신세됐네

꿈자리

꿈자리가 사나우네
꿈해몽책 뒤적이니
길몽이라 쓰여있네

오늘은 어떤일로
행운을 잡으려나
로또복권 기다림이
길몽으로 나타날까

기다림에 지쳐서
결과를 열어보고
개꿈이라 만족하여

길몽꾸어 대길하려
새로 잠을 청해보고
또 꿈꾸어 로또복권
허망하니 포기로다

꽃의 열매

봄바람이 변화의 바람으로
작은 희망 살리우고

여름바람이 원망의 바람으로
숨어지내 은둔하며

가을바람이 결실의 바람으로
열매를 맞이하니

겨울바람이 쓸쓸한 바람으로
고통과 아픔으로 몸에 상처 입히우네

아무도 모를 내일은
희망의 꽃으로
열매만 맺혀진다

고향으로 가는 길목

소꿉장난 어린시절
가물가물 기억은
앞산의 뻐꾸기 소리

다랭이 논 모심다가
거머리에 물리고
쑥찧어 지혈하니
어리둥절 꼬마는

먼 훗날을 기약하고
책가방을 메고서
먼지길 신작로를
뒤로하고 도시로 떠났네

미루나무 신작로길
추억을 가득담아
한잎 두잎 따가지고

엄마생각 아빠생각
뒤척거린 꿈속에서
따스함만 기다렸네

자양댐 수변가

봄되니 풀잎이 파릇파릇
여름되니 풀잎이 무성하고
가을되니 풀잎이 익어져서
겨울되니 풀잎이 사라지네

파릇파릇 풀잎속에
개구리는 둥지틀고
알을 낳아 번식하네

무성무성 풀잎속에
피라미는 놀이터로
너나없이 행복하네

익어간 풀잎속에
미꾸리가 활동하며
철새들을 기다리네

사라진 풀잎속에
철새들이 날아와
개구리와 피라미
미꾸리를 먹이삼아

멀리떠날 만리길에
몸보신의 향연이라

세상만사 이치로다
약자위에 강자요
강자위에 초강자라
돌고도는 생명들은
초자연의 섭리로다

충성대 골프장

천수봉 먼지길
길고긴 산머리를
돌아간다

골프장의 한쪽에도
훈련장의 한쪽에도
안개속에 숨어숨어
내 모습을 찾는다

안개 걷힌 천수봉
태극기는 휘날리고
골프장의 사람들은
환호소리 이어지며

골프공을 찾느라고
가시덤풀 뒤적이네
가시박힌 손등에는
핏자국이 선명하니

영광의 상처라
내것은 버리고
남의 것만 찾아오니

이런 이치 저런 이치
다 그런가 세상사

오비 탄식 깊게 외쳐
마음속에 묻고나서
다음 갈길 찾아가네

치산계곡 붕어

장맛비 물불은 치산계곡
붕어들이 아우성
물결에 떠내려갈까봐
덤풀속에 꼭꼭 숨고

천렵꾼의 손아귀에
붙잡힌 붕어는
계절의 야속함만 가득 키워

미련없는 지난 세월
야속하다 한탄하네

붕어찜 영양 핑계
천렵군의 한 점 두 점
영양가 만족이라
힘을 키워간다네

숨어있는 다른 붕어
행복은 잠시이라

천렵꾼의 손아귀에
잡히고선 한숨이라

홍수난 치산계곡
울려퍼진 곡소리는
붕어들의 한탄과
천렵꾼의 환호로세

세월따라 오는 풍경
내년에도 이어지니
두려움과 즐거움에
서로 다른 행복이라

임고천 미꾸라지

늙은 부모 건강생각
뜰채 들고 나서보니
이내마음 날라가네

미꾸라지 놀이터를
내 손으로 휘저어서
뜰채로 막아보니
잡은 것이 많구나

앞마당에 철솥걸고
푹푹 고아 한 사발이
노인네의 병환을
씻은 듯이 해결하네

작은 정성 함께하니
효도라는 날개짓에
내일을 바라보네

내자식도 그럴란가
희망가득 가지지만
어림없는 착각속에
세월가는 아쉬움

은해사의 풍경

어두운 법당길
회랑속을 헤매이네

소나무숲 사이로
보름달이 보이고

영롱한 부처님의
미소가 흔들릴 때

하나둘씩 스님들은
발걸음을 재촉하고

산사의 어둠은 깊어지고
울려퍼지는 독경소리로
산사 계곡의 깊은 잠을 깨우네

숨가쁜 기도소리
몰아쉬며 정성이라

빌고 비는 중생들의
깊은 마음 드러내어
가정 향한 믿음으로
은해사는 풍요롭네

동화사의 뭉게구름

동학사 하늘에 뭉게구름이 환호하고
팔공산의 바위는 부처님의 모습이라

동봉넘어 태양이 빛나고
산사의 구도자들 그 만남엔
부처님의 믿음이 더욱 빛난다

팔공산 계곡의 깊이만큼
신도들의 세월감에
믿음은 빛나고
중생의 삶 속에는
부처님의 지혜가 스며든다

팔공산의 나무와 바위에
얼룩진 물감을 가득 묻혀
불심의 빛남을 모두가 품고 있다

동화사 만남의 어울림에
팔공산의 메아리는
대웅전의 풍경소리로
그윽하게 화답하고

통일약사여래불의
몸체속에 들어있는
부처님의 진신사리가
뭉게구름으로 펼쳐진다

불로동의 단풍

전장터 어둠속에 현란했던
칼날의 반짝거림이
팔공산의 기운을 삼켜버렸다

전쟁터 장수들의
홍조 가득한 얼굴이
미소지으며 다가온다

괴롭고 힘들었던
전쟁터의 어둠은 사라지고
빛나는 단풍잎으로
불로동이 밝아온다

단풍의 빛남은
불로동 숲속에서
기지개 켜고
겨울을 기다리며
새롭게 몸단장한다

꽃피우기 위한 몸부림

아름다운 꽃을 피우기 위해
고통을 참는다

괴로움이 없는
삶에는 진정한 가치가 없다

꽃피우는 희생없이
꽃나무의 다음을 얻을 수 없다

꽃잎의 하루하루 존재 가치는
꽃피우는 그날을 위한
끊임없는 고통의 연속이다

꽃피우는 최고의 날은
몸부림과 고통의
처절한 터널을
빠져나오는 것이다

그 속에서
아픈 육신의 부분을 잘 도려내야
힘든 여정의 종착점에 다가온다

수도사의 호롱불

구도자의 여정에
고통이 없다면

믿음의 성취 맛은
사라지고 만다네

복을 비는 희생없이는
얻어지는 게 하나도 없다네

믿음없는 기도는
사상누각인 것을

수도사의 호롱불
빛나는 산사에서
스님들의 독경소리
가득 퍼져가고
산짐승은 춤춰댄다

흔들리는 호롱불은
기도로 맺어져서
고통은 사라지고
해탈의 경지로다

내일 향한 꿈을 꾸니
행복이 가득한 산사의 계곡에서
우리네 꿈도 영글어 간다네

파개재 가는 길목

팔공산 뒷자락 눈덮인
치산계곡의 외딴집

외갓집 할머니를
기다리는 어린아이는
꼬불꼬불 고개 마루로
눈길을 두네

지팡이 든 할머니를
기다리다 지쳐서
어린아이는 화롯불을 찾네

화롯불 군밤은
할머니의 선물꾸러미처럼
뜨거운 잿속에서
고개를 드러내고
이내 파티장의 주인공 되네

파개봉의 산까치가
새소식을 알리니

지팡이 든 할머니는
파개재를 넘어서고

한숨 돌려 고개드니
파개사의 독경소리가

서봉자락의 눈녹는 소리로
파개재로 울려퍼져
새봄을 알리네

자양댐 청둥오리

보현산 지나서
자양댐에 둥지를 틀고

차디차고 시리디 시린
자양댐 물에 몸을 적신다

겨울에도 춥지 않은 것은
타향살이에서
따뜻한 마음을 가지며
얼굴 파묻고 고개들어
함께하는 동료들과
겨울을 가슴에 품기 때문이다

모든 게 따뜻하니 움츠리지 말고
열성적인 먹이잡이에
동료애로 똘똘 뭉쳐
당당한 미래로 가자

먼 곳 시베리아로 향하는
여정에 소중하고 고귀한
배려의 아름다움을 심는다

아침이슬꽃

아침에 핀 이슬꽃에 희망을 실어본다
아무도 알아주지 않는 아침이슬꽃
오로지 작은 생명체들에게는
감로수요 생명이다

어두움을 이겨낸 극복의 선물이라서
더욱 값진 하루로 일어선다
아침을 여는 부지런한 농부의 손길로
풀잎 끝에 매달려서 하루를 꿈꾼다

아침이란 샘물로 손씻는 아낙네는
행복을 잉태하는 소중한 마음으로
정성을 작은 바구니에 하나둘씩 담는다

아침이슬꽃의 기다림은
눈감으니 다가오고
어두운 마음을 비춰서
태양빛에 녹여낸다

커피 한 잔 시켜놓고

깊은 커피향이
폐속에서 돌아나온다
돌아나오는 커피맛은
마음의 아픔을 잘 보듬는다

요즘 커피는 아아라나
혹은 얼죽아라나
젊은 MZ세대의
커피사랑에
인생의 맛을 그려본다

삶에 열정이 있으면 다 좋다
열정이 없으면 이내 늙어버린다

커피는 따뜻하여 향이 피어나올 때
마셔야 제맛이듯
인생의 기회도 이 순간에 잘 살아야
인생의 제맛을 느낀다

커피에 대한 사랑도
커피의 향도 남을 돕는 것도

만남도 행복한 동행이고
인생의 소중한 향기다

인생의 맛이 커피 맛인 걸
느낄 때가 가장 그립다

하루살이

하루가 행복하고
멋진 것은
만족의 향기가
가득 피어나기 때문이다

하루살이가 보는
빛바랜 하늘은
내일이 없음을
보여주는 물감주머니이다

오늘에 만족해야 하는 이유는
또 다른 오늘이 없기 때문이다

오늘 하루가 행복한 이유는
하루를 살아도
스스로 행복하다고
여기며 행복의 돌탑을
잘 쌓아 놓았기 때문이다

햇살이 비치는 오후

일상의 햇살은 항상
나의 등 뒤에서
비춰주기에 일들이 잘되고

따스한 햇살은
사랑하는 당신의
마음에서부터 나오기에
그 모습이 아릅답네

늘상 같은 온기를 전하여
사랑으로 감싸고
고매한 인품으로
세상을 밝히니 마냥 좋다

햇살의 아름다움
그것은 인정의 목마름에
슬픔을 덮고
세월의 흐름으로
같이 가네

남을 위한 희생은
즐거움과 행복으로
마음에 꽃 피우면서
어두운 마음을 비추네

흰구름

흰구름 조각내어
파란쟁반에 담아

유리창 창가에
마음으로 걸어 놓네

살랑살랑 바람결에
그 숨결로 의미삼아

내마음에 등불되어
어두운 길 비춰보네

어릴 적 여름성경학교
같이 가던 그 길을

지팡이 의지하여
나 홀로 가고있네

제2부

아름다운 삶

삶과 자연

깊은 시름에 잠겨
고개를 들고
먼발치 먼 하늘에
나를 띄운다

스쳐간 인연들을
줄줄이 엮어서
사다리를 만들어

하늘 높이 상념의
정거장을 만든다

저 멀리 사라져간
옛 생각을 토해내어
나 홀로 구름바다를 만든다

잊혀진 생각을
노끈으로 묶어서
줄줄이 마음의 사탕으로
열매를 만든다

사랑님 오시려나

안개 낀 저수지의
깊은 골짜기
시름 달래며
낚시대 드리우고

사랑님 생각하며
그리움을 찾네

수양버들 늘어진
작은 저수지

참붕어는
미끼만 욕심내다
혼줄이 나고
낚시줄만 부여잡고
울고만 있구나

저수지 미끼 드리운
그 자리의 사랑님
희망 다시 찾는다

떠나간 참붕어를
어루만지며
안개 낀 작은 저수지의 세월은
아쉬움에 깊어만 간다

낚싯줄 드리운
작은 저수지
헝클어진 사연을
미끼속에 묻어두고
참붕어 발길 따라
그리움만 더해간다

만남은 순간이라

장마의 지리함이
초가삼간 황토방에
곰팡이로 피어나고

여름날 굼불로 찜질방이 되어지니
시골집 늙으신 할매는
몸지지며 호강이라

소나무 가지위에 소금까지 뿌려대어
장맛비의 훼방을 순식간에 물리치니
곰팡이는 사라졌네

치매걸린 할매의 이마 주름골에
땀방울만 가득가득

지나간 세월의 고통마저 잊혀지네

나이드신 할매의 고난한 시집살이
자식낳아 참아내고 그 인연을 이어보니
남은 것은 주름살에 삭신쑤시는 일상이라

곰팡이 핀 황토방에
다시 굼불 드리우니
자랑스런 우리 할매는 옛기억을 되살리네

별바라기

보현산 꼭대기 망원경으로
은하수의 호수속에 풍덩 빠진다

저별은 나의별 이별은 너의별

별자리 헤아리며
갈곳 찾아 두리번거린다

내 마음 별을 찾아 한올 한올
양탄자로 그리움을 쌓아가네

깊은 어둠에 홀로 떠가는 별자리 속에
너와 나의 마음의 별을 찾아가네

빛나는 은하수의 은빛물결
깊은 첫사랑의 추억만 남긴 채
내 마음 별을 찾아 어두움을 여행하네

내 별이 나에게로 다가와
내 여행길의 길잡이 되고

너의 별도 너에게 다가가
너의 여행길에 길잡이 됐네

내고향이 가슴시리다

잊으려 해도 잊을 수 없고
가고 싶어도 갈 수 없는 곳

잊혀진 추억과 어릴 적 친구들의
정이 살아있는 그곳

폐허가 된 고향의 옛 추억은
무너진 흙 담벼락과
앙상한 나뭇가지만 남은
초가삼간의 모습으로
내 고향을 지킨다

봄이면 냉이 캐고
진달래 꽃지짐 먹던 곳

여름이면 냇가에서
피라미 천렵하던 곳

가을이면 풍성한
사과와 배 그리고 알밤 줍던 곳

겨울이면 화롯불에
고구마 구워먹던 곳

아련히 떠오르는
기억의 저편에서만
살아 숨쉬는 그곳

그곳이 가슴시리도록 그립다

행복의 기다림

찻잔을 기울이며
숨겨진 나를 본다

잊혀진 마음을 찾아
찻잔 속에서 추억을 익혀낸다

기다림은 새로운 고통의 축제로
숙명의 연속으로 이어진다

나의 마음마냥
모두의 마음이 같지 않다
그래서 내가 싫은 법이다

내 마음 상처의 아픔은
내가 치료해야 한다
그것은 남을 돕고 위하는 것으로
행복의 기다림을 얻는 것이다

삶의 방황은
내 모습을 찾지 못하는 것에서 온다
그러기에 찻잔을 기대어

잊혀진 나를 찾고
남을 도우며 행복을 기다리는 것이다

가리워진 방황은 나타나는 행복으로
내 모습처럼 다시 피어난다.

내일을 알 수 있다면

나에게 소중한 오늘만큼
시간 흐름 속에서 내일을 본다

나에게 필요한 오늘의 행복만큼
세월의 아름다움 속에서 내일의 행복을 찾는다

빛나는 보름달같이
옥토끼의 순수함을 영원한 소망으로 굳혀간다

세월 속에 오늘을 묻고
내일을 찾는다
아름다운 행복을 캐어
내일로 심는다

나만의 마음 무지개 색깔로
알 수 없는 내일을 그려 본다

팔공산의 밤하늘

팔공산 어둠을 돗자리 삼아
밤하늘의 잠자리는
별님 달님들의 안방이네

희미한 은하수 불빛찾아
잠잘 곳 찾아내고

달빛과 별빛은
빙판에서 춤추듯 아름답게 빛나고

팔공산 밤하늘의 어두움이 걷히니
숨쉬는 수태골 계곡의 고라니는
눈빛 밝히면서 새 생명을 잉태하네

자신의 모습을 달빛에 비추면서
숨은 영혼을 만나서
사랑의 몸짓으로 화답하여

수태골을 수놓고
서봉아래 터를 잡아
별님 달님 이끌어서
안방으로 모셔가네

영혼의 숨은 그림자

마음 깊은 몸부림에
편하고자 들어앉아
깊은 숨을 내쉬었다

낯선 만남 속에서 맹세를 해보지만
영혼 없는 약속은
부도수표 몰골이고
눈보라의 매몰참이 당연하게 여겨지네

고통의 나날 속에 나를 찾지 못했지만
잊혀진 영혼 찾아 그림자를 살펴보니
숨어있는 영혼이 달랑 한 개 놓여있고

도망간 영혼들의
흔적만 가득하네
슬피우는 서러움이
얼룩져 나타나고
그림자로 나타났네

세월이 가는 길목에서
찾지 못한 영혼들은
서러워서 울었다

지난 추억을 곱씹지만 부질없는 맹세는
비바람에 날려가고 괴로움에 몸부림치네

괴로움으로 몸부림치다 보니
세월 지난 꽃잎들은 지는 고통 감내하며
서러움에 자신을 묻었다

유한한 삶

사노라면 언젠가는 잊혀진 걸 토해내고
숨은 고통 찾아보면 내마음은 서러우리

자식희망을 지지대 삼아서
자랑으로 일관하며 세월과 씨름했지만
미래의 두려움과 어두움은
자식들의 팔자소관으로 나타나네

자식 향한 희망의 온기는
용광로와 같았지만
어디 자식 한결같이 못받아주니

이내 슬픔 외로움과 괴로움의 연속이라

짧은 인생 가는 길이 나그네 길이라던가
한 번 가니 오지 않는 일방통행 갈 길이고

지난 세월 청해보니 잠깐 찰나 시간이네
후회한들 무슨 수냐 남은 인생 행복하여
내 팔자라 되뇌이며 혼자 만족 영원하리

괴로움을 잊으려 미소짓네

수많은 고통과 힘겨운 세월 속에도
짊어진 아픔과 슬픔을 잘 이겨낸다

막연한 내일을 기다리면서
자신만의 화폭에다
숨은그림찾기만 하네

그네뛰기 널뛰기의
인고의 세월은 막연함의 연속이라

자신만을 위한다고 앞만 보고 살아왔네
지난날을 돌아보니
세월의 한복판에 덩그러니 서 있구나

나의 미소를 만들어 외로움을 찾지만
희망의 나날은 사막 속에 뒹굴고
모래사막 한가운데 희망꽃도 사라지니
희미한 낙타소리만 귓전을 울리네

늙어버린 여정의 끝자락에는
욕심 가득 다툼 가득 아픈 추억만 수북하니
괴로움을 잊고자 미소만 지어볼 뿐

내 별을 찾아서

저 하늘에 별자리 하나둘
저편에서 나를 보고 손짓한다

어서 빨리 날아와 어둠을 밝히자 한다

앙상한 나뭇가지들이 혹독한 겨울을 이겼지만
어둠을 이기지 못한 작은 별들은

별빛으로 몸짓한다

얼음장 같은 저 하늘의 어둠을 지치며
빛나는 별잔치에 초대되어 찾아간다

별을 찾는 행복은 마음속에 자리잡아
잠못이루고 잠 설치며 내일을 기약한다

내 별을 찾아달라고

하루의 일상

아침을 깨우면서
시작을 알리네

점심을 노래하며
세상을 바라보네

저녁을 품에 안고
하루를 마감하네

정자에 모여 앉아
어제일을 이야기하네

모기들의 아우성에
모기장이 들어서고

쑥태우는 연기속에
눈물가득 콧물가득

다가오는 내일 위해
잠자리가 요청하네

드넓은 허공

깜깜한 밤에
꿈을 찾아 떠난다

드넓은 허공에
깊은 시름으로 슬픔에 젖은
물새 한 마리는
아쉬움만 삼킨다

한이 서린 가슴속의 응어리를
녹이고 태워서 허공에 날린다

떠나버린 옛사랑을 그리워하며
사랑의 추억을 담아
사연을 꽁꽁 묶어 풍선으로 띄워본다

슬픔과 애절함을
꿈에서나마 찾아보지만
찾지 못하고 이내 미련으로 남았다

떠나간 마음을 애타게 불러보지만
멀리 멀리 가버린 잃어버린 옛마음을
찾아낼 기약없네

허공 속에 묻혀버린
애타는 마음은
옛추억의 아름다움으로만
스쳐진 약속이다

꿈속에서나마 찾아보지만
옛사람의 정취는
깊은 심연의 마음속에서
한없이 어두움 속에 숨어있다

생일날의 기억거리

아침해가 떠오르고
미역국에 햅쌀밥

산골마을 오순도순
생일날에 너나없다

보릿고개 숟가락이
배고파서 아우성

굶주린 검푸른
배고픔에 잠든다

세상의 모진 인심
이겨내려 한다손

그리 쉬운 일은 없고
아픔만이 다가오네

생일날의 아름다움
나눔으로 다가오니

인심이랑 축복이고
정겨운 나날일세

축복하는 이웃들의
정성들이 모아진다

장래희망 이뤄지며
집안 번창 이어지길
두손 모아 빌어본다

이슬방울

이슬방울 맺혀있는
앞 화단의 나리꽃잎에

여치가 먹이 찾아
모여든다

여치들이 행군로인
꽃잎에는 아침 이슬이
나란히 줄을 선다

화단의 여치가
이슬 먹고 즐거워
행복의 노래로
힘을 얻는다

앞마당 햇살이
화단에 비출 때면
이슬은 천당가고
여치는 숨어있네

여치가 숨어있는
돌담 담벼락의

가장자리에서
이슬은 슬픈미소로
오늘을 보낸다

지는 해 바라보며 미소 가득 머물고

지는 해 석양빛 노을에
아름다움이 부끄러워한다

아침에 떠올라 모든 일
하고나서 생을 마친다

대지의 밝은 햇빛을
치맛폭에 움켜잡고
차마 떨어지지 않는
수줍음으로 붙잡는다

해맑은 농부의 미소에서
길쌈하는 풍요를 자아내고

산새들이 먹이 찾아
농부 등에 올라타서
개울물에 몸적시니 행복하여
우쭐대네

지는 해 바라보니
석양빛 물들어

어둠으로 다가오니
내일을 약속하네

더 밝고 더 힘찬
그리고
행복 가득 가져오라고

세월길을 가노라면

아버지의 등짐에
어깨는 공이가 맺히고
나뭇길에 돌머리는
영광의 상처로다

고통의 땀과 처절한 고뇌의
수레바퀴는
계속하여 돌고 돈다

세월의 아쉬움을
더해보지만
세월길만 갈 수밖엔
별도리가 없구나

짓눌린 삶의 무게를
벗어나려 애쓰지만
고통의 나이테는
쌓여만 가는구나

내면의 공간

황혼이 찾아온
나를 돌아본다

스스로 곱게 익었다고
외쳐보지만
누구도 그것을 인정하지 아니한다

그렇다고 속상하다 말할 수 없다
누구나 보는 법이 다르니
그럴 수밖에

잃어버린 나를 되돌아본다

농익은 삶을
부드럽게 이끌어본다

삶이 멈추는 순간까지
나를 목놓아 불러보고 싶다

내 마음의 타향에서
외로운 가슴을 적시고
고향을 그린다

진하게 그려가는 화폭에
내 마음에 숨은 나를 덧칠한다

세월이 약이겠지요

세월이 약이라고 말하면서도
스스로 인정하지 않는다

운명탓과 재수없음만을 이야기한다
스스로 설치한 장애물에
자신을 묶어버린다

그리움만 쌓아가는 인생의 저편
가슴마저 희망마저 멀어져간다

슬픔과 즐거움을 함께한 시간이
가슴에 차고 넘친다

인연의 끈을 잡지 못해
방황하는 방랑자처럼

세월이 흘러가니 약봉지에
추억을 주워담는다

세상풍파까지도 가슴에다 묻는다

내일의 약속

외로움에 홀로 서서
마음을 비운다

세월의 아쉬움에
목마르다

만날래야 못 만나는
서러움에 목놓아 울었다

순간순간 정이 고파서
잊고자 했다

현실의 고단함에
피하고자 가슴 뒤에 숨어본다

아쉬움만 남기는 회한 속에
두손 모아 행복을 빌며
먼 길을 재촉한다

느림의 행복

산넘고 물건너서
외갓댁에 간다

꼬불꼬불 산길을 돌아가는 길
멀고 먼 시골길
가도가도 끝이 없다
물집 잡힌 내 발바닥을 보신
할머니의 엷은 미소가
내 상처를 아물게 한다

할머니의 굽은 허리에는
삶의 고단함이 쌓여 있다

삶의 무게만큼이나
지나간 세월의 야속함만 남았다

할머니의 느리디 느린 걸음걸이가
아름다운 자연의 꽃보다 더 곱다

세상을 읽고 바라보는
할머니의 지팡이가
마을 어귀 정자나무 되었다

아름다운 풍경

새파란 하늘 아래
우뚝 솟은 빌딩들

빌딩숲 사이로
시원한 바람 불어온다

시원한 바람 받고
대지를 갈고 덮어
희망의 씨앗을 뿌리니
남모를 행복이다

솟아난 바위틈에
숨은 이끼 피어나고
소나무 숲속에서
산새들은 재잘거린다

어울리고 같이 춤추며
화합하니 크나큰 행복으로
다가온다

별자리의 모습

별 하나 별 둘
망원경에
눈을 감아

작은 구멍으로
하늘을 보네

수많은 별자리에서
내 별을 찾네

어두운 밤하늘의
저편에는

잊어버린 오천년의 별들이
은하수로 나타나네

수많은 별자리 사이로
별똥별 지나가니
내 행운 이뤄지네

별자리 뒤에 숨어
잘난 체하여
춤추는 별자리는

오천년의 기억을 토해내다
자신마저 앓아 누웠네

흙냄새

고향의 흙냄새가 후각 속에
숨어서 아버지의 향기로 다가온다

어머니의 배속에서
고이 감추었던 태아의
양수냄새다

마당의 거름장에
고이 감추었던
익혀진 땡감처럼
따스함과 포근함이다

과수원 언덕에
뿌려진 비료의 자양분이다

오랜 세월 동안 대지에
기둥을 세우고
어머니의 고향 땅 품속에서
지나간 세월의 옷고름을 바로잡는다

밤 풍경의 아름다움

어두움을 벗어나
밝은길로 나온다

골목길을 나와서
큰길로 가네

회색빛 아파트 숲 사이로
밝은빛 보름달 보이고

가로등이 품고있는
어둠의 밤거리

자동차 불빛들은
수채화 물감처럼
어둠을 밝힌다

금색 은색 옥구슬로
줄줄이 매듭지어

밤풍경을 돌돌 말아
하늘 높이 날려본다

세월감의 연륜

앞산엔 소나무가
뒷산엔 바위가
숨겨진 자신의 빛을 자랑한다

빛나는 태양앞에
우리의 만남이 있고
영원으로 가는 길목에 서 있다

세월감에 겹겹이 세워진
지혜의 동굴에서
연륜이 빛을 발하고

그 빛 찾아 삶의 테두리를 맞추네
모두가 반기면 같이 가는
길목에서 어울림의 장단이
그림자로 나타난다

고요한 아침

어둠을 뚫고 나와
도시를 삼킨다

안개 낀 공원에서
철새들이 미소짓고
먹이 찾아 활동하며
아침이 외쳐댄다

힘들고 어려웠던 지난 시절
다 지나고 어둠마저 사라지니
아침은 아름답게 빛난다

고요한 아침은
새소리의 재잘거림으로
일어난다

아침 안개 속에서 게으름은
지친 몸의 증거이네

오늘의 시작은
고요한 아침의 깨어남에서
이뤄지고

태양은 반짝거림을 위해서
그 욕망을 불사른다

행복과 불행의 동반자

행복의 가치는
고통을 이기는
것으로부터 나온다
고통이 없는 삶은
의미가 없다

불행의 가치는
희생없이 얻을 수 있다는
착각으로부터 나온다
희생이 있는
삶은 아름답다

살아있다는
존재 가치는
고통을 발판삼아
아름다운 삶을
꿈꾸는 것이다

불행을 줄이기 위한
노력은 착각없는
삶의 테두리를

구획하고 시간대에
자신을 묻는 것이다.

행복한 최고의 날은
성취감의 빛과 그림자가 균형되게 나타나는 날이다

불행한 최고의 날은
균형감을 세우지 못한 날이다

복잡함과 어지러움이 동반자되어 나타나는
살아있는 그날로 달려가 본다

삶의 고통과 멋

살아가는 모습에서
고통을 보고
그 고통 속에서 멋을 찾는다

삶에서의 고통은
성취의 참맛으로 나타난다

값진 희생 뒤편에는
영광으로 얼룩진다

고통 없는 대가는
사상누각의 우산이다

오늘을 위한 도전으로
고통은 사라지고
희망을 가지고자
작은 기도를 가슴에 품는다

삶의 고통은 의미 있는 것이라기보다
내일 향한 꿈을 위한 교향악이다

제3부

•

인생의 풍경

과거로 가는 길

즐거웠던 지난날들을
다시 볼 수 있을까

깊은 심연으로 떠오르는
태양을 마음에 그려본다

골똘히 생각하여
과거로 가는 길을 찾는다

보이지 않는 그 길에서
기다리는 심정의 아픔이
잃어버린 그림자로 남아있다

멀어진 옛날이 그립다
못다한 사연을 돌이켜보지만
과거로 가는 길은 야속하기만 하다

눈물 속의 사연

멀고 먼 하늘 끝자락에서
님 향한 손짓으로
구름너머 아득한
사연을 불러본다

헤어져 사는
운명의 꿈길은
사연을 영혼으로 심는다

추억에 물든 꽃 편지를
눈물없이
읽을 수가 없구나

님 떠난 강언덕에
잡초만 우거지고
수양버들 늘어졌다

이리저리
힘겨운 사연의
추억만을 찾아서
두리번거린다

돌아보는 길

앞길만 보고 달려왔네
언덕이 바로 저기인데
힘이 부치다

옆길도 모르고
뒷길도 모르니
갈 길을 잊어버렸네

아직은 생각이 열려있고
마음도 움직이나
몸은 저멀리 떨어져 있네

갈 길이 바로 저기인데
더 갈 수 없음을 한탄한다

달려온 길 먼길에서
보지 못한 나를 본다

갈길은 멀리있고
몸마저 저멀리 떨어져 있지만

이내마음 움직여서
내 갈 길을 그려본다

별빛의 아름다움

내게 소중한 인연으로 다가와
세월의 흐름속에서
소중함을 깨닫게 한다

내게 필요한 존재로 다가와
일상의 번잡함에서
필요함을 느끼게 한다

내게 별빛의 영롱함으로 다가와
드넓은 하늘의 가장자리에서
감사의 마음을 가지게 한다

내게 아름다운 천사로 다가와
고통의 시절 속에서
영원의 사랑으로 빛나게 한다

세월의 마음

옛 시절의 우리 모습은
내가 아는 고향의 그리움

달라진 마음의 움직임과
속삭임 속에서
잊혀져서 가버린
세월이 무서움으로 다가왔다

내 마음에 빛바랜 쓸쓸함이
사랑과 속삭임을 변하게 한다

가버린 세월에서
지금의 모습으로
옛날의 열정을 토해낸다

용기가 살아있다는 것은
내일의 모습으로 달려갈
가슴의 울림이다

가슴의 촉촉함이
마음의 잔잔함으로 전해져서
지금의 고요한 희망을 잉태한다

우정

먼 길 돌아
같이 가는 길
친구와의 속삭임이 그립다

코흘리던 개구쟁이들이
지난날을 곱씹으며
화롯가에 둘러앉아
알밤을 굽는다

알밤 터지는 소리에
몸부림치는 마음

꽃잎이 져도
못잊을 서러움의 친구들

나그네 벗을 삼아
어린 시절의 풍경을
두손에 꼭 잡아본다

잊혀진 마음

나그네의 서러운 마음을
아무도 모른다

바람과 구름 속에서
흔들리는
별빛을 찾는다

사랑에 약한
마음을 달래본다

찾지 못하는
사랑의 마음은
구름 속에 숨겨진
소나기로 온다

마지막 그림자 찾아
헤매어 보지만
찾을 수 없는
사랑의 종점이 보인다

이 순간의 흐름 속에서
묻혀 보이지 않는
추억을 토해내고
잊혀진 마음을 영글어 낸다

인연의 끈

정이 들어 울면서
첫사랑을 찾는다

수만 번 맹세했고
그 맹세 비바람에
씻겨났다

뼛속의 아픔과
흐느껴 우는 마음은
세월이 가매 얼룩져서
희미한 기억으로만 남았다

잊으려해도
잊지 못하는
자국의 선명함을 가지고
못잊어 울면서
지나간 옛날을 찾는다

변치말자던 맹세는
눈보라에
날렸다

뼈를 깎는 괴로움과
몸부림치는 마음은
계절이 가도
서러움인
주홍글씨로 남았다

저 하늘의 향기

지친 몸으로
밤을 지새우며
하루가 간다

반딧불 베개삼아
하늘의 향기를
꿈꾸면서 찾는다

그 향기 별빛으로 영글어
빛을 쏟는다

사랑 찾는
나그네의 일상에서
고단하여 지친 몸이
풀벌레와 합창한다

그 소리에 회복되어
꿈속에서 별을 찾고
그 향기에 취했다

추억의 향기

지난밤 큰바람이
조용한 어둠을 깨웠다

님의 모습과
향기를 불러낸다

생각의 눈시울이
적셔지면서
이별의 텅빈 가슴을 움켜쥔다

힘든 아픔으로 다가온
까맣게 지새운 밤이
뜨거운 가슴으로
갈곳 잃어 갈팡지팡한다

그대 곁에 머물고 싶은
사랑의 내 마음은
추억의 향기로
행복의 꽃을 피운다

구름같은 삶

바람불어 좋은 날
나는 나대로
나의 영혼을 바람에
태운다

나무위에 올라
바람의 모양을 그려본다

그 바람 타고 하늘을 날아간다

하늘을 날아가며
나를 본다

멀어진 나의 얼굴에
세상일을 파묻고
내영혼을 찾는다

더욱더 멀어진
내영혼이 화답한다

차가운 불빛속에 풍덩빠지니
가야할 길 잊혀지네

더듬더듬 찾은 길은
바람타고 흘러온 내영혼처럼
나를 보면 길을 재촉한다

타향살이

해가 중천에 뜬다
밭갈이에 외양간 소는
힘겨울 생각으로
몸부림친다

쟁기를 챙기는
머슴의 손길은
떠나온 고향과 부모 그리워
햇무리만 멍하니
쳐다본다

마음 한구석에
그리다 지워버린
별자리가 그립다

꿈속에서
덜깬 잠을 재촉한다

힘겨운 나날의
고단함을 잊고서
돌아갈 날만
손꼽아 기다린다

젊은날의 아름다움

옛 추억을 더듬으며
젊은날의 아름다움을 찾는다

원점에서 옛 추억을 그린다

안개 낀 골목길
깊은 밤 한가운데서
길 잃을까 노심초사 두 눈을 부릅뜬다

옛 추억을 곱씹으며
젊은날의 아름다움을 그려본다

원점에서 옛 추억을 본다

안개 낀 골목길
슬피우는 강아지의 모습
고장난 시곗바늘만 야속하다

젊은이의 기도

검은머리 하늘 닿고
고개들어 저 푸른 하늘을 보네
보이지 않는 구름 속에서
천사를 그려본다

천사여
구름꽃을 내리어
사랑을 엮어주소서

천사여
별꽃을 내리어
뜨거운 사랑의 열기를 주소서

천사여
달꽃을 내리어
아름다운 사랑의 빛깔을 주소서

천사여
사랑의 꽃을 내리어
우리들의 뼈속까지 사랑의 뜨거운 피를 흐르게 하소서

눈물편지

내 작은 사랑으로
행복을 간직하고
그 사랑 보여주며
수많은 나날을 기다린다

눈물편지에
알알이 엮어진
사랑의 구슬을
실려서 보낸다

마음의 온기가 깊게 배어
머릿속을 장식한다

눈물편지 속에
이별의 아쉬운 마음을
방울방울 흘려보낸다

눈물의 사연 담아
상처난 마음이 아픈 만큼
잃어버린 옛모습을
눈물 속에서 그려낸다

만남의 추억

가로등이 홀로 있고
그 아래에서 두손 잡고
헤어짐이 아쉬워
남부끄럼없이 꼬옥 껴안은
깊은 포옹이 그립다

잃어버린 구불어진
그 길목에서
생각이 멈춘다

오거리의 바쁜 차량들
설레임으로 가득하고
커피향에 취해버린
커피숍의 한켠에서
또 다른 포옹이 그립다

떠나는 아쉬움을
가슴에 새기고
미련 남아 고개 돌려
마음으로 슬피운다

친구의 깊은 눈망울

으악새 슬피우는
산 언덕에서
보리개떡 한 덩어리로
점심을 해결하고

마주앉은 친구의
깊은 눈망울에서
숨겨진 우정을 찾는다

둘이서 거닐던
오솔길의 추억은 가물가물

서산에 석양이 물들어 넘어갈 때
우정은 내일을 이야기하네

어두운 오솔길 마을 어귀엔
조용히 밤을 지새울
소쩍새가 앉아 있네

잃어버린 바람소리
나를 찾아오고
희미한 호롱불 빛이
내 마음을 비추네

우리집 가는 길

정거장에 앉아 시내버스를
한없이 기다리고 있다

한 대가 지나가고
두 대가 지나가도
우리집 가는 길
버스는 오지 않는다

기다림에 지쳐서
택시를 잡기로 했다

택시가 한 대 왔다
이미 손님이 탄 택시다
택시가 두 대째 왔다
또 손님이 탄 택시다

고된 걸음의 퇴근길
저녁의 행복을 몰고 오는 우리집
가는 길이 고단하다

이별이 슬픈 것은

어쩌다 생각이 난다
아픈 기억으로
생각을 그려낸다

둥근달을 쳐다보며
지난날을 슬피운다

오솔길 따라 떠나버린
사랑이 슬프다

상념의 바람따라
생각을 찾아본들
구름처럼 이내 사라진다

다시 못올 기억만 남기고
한 줌의 흙덩이로 뭉쳐서
허공 속에 외쳐보는
옛사랑의 이별이다

험난한 세상

고통을 이기려고
내 마음속에 나를 숨긴다

찾아내지 못할 것 같은
나의 모습은 초라하게
다가온다

나의 가슴속에
기억을 핑계로
잊혀진 희망을
찾아본다

아름다움을 노래했던
희망의 매듭들은
빛 바랜 지 오래다

낡은 매듭에게
아름다운 기억을
다시 묶어야 한다고
약속한다

손목과 발목 관절의
고통을 이기며
깊은 숨을 들이쉬며
아픈 기억을 파묻는다

행복과 희망의
기억 속에서
흐린 거울에 비치는
내 모습이 한없이
작은 느낌으로 다가온다

걸어온 길

깊은 두메산골에서 쓸쓸하게
하루가 저문다
지나가던 철새는
초가삼간 처마밑에
둥지를 틀었다

애간장을 태우며 떠나온 수천 리길
그리움에 지쳐서
날개를 펴고
깊은 두메산골에
자리잡네

희망찾아 행복찾아
수만 리길 험해도
어쩌면 가야할 길
힘들어도 가야 하네

수만 리길 타향살이
둥지에서는
사랑이 맺어지고
새끼 낳아 기르고자
온갖 고통 이겨내네

멍든 가슴에 사랑이 영글고
고통의 반증으로
식구 생겨 고단하나
반겨 맞는 둥지는
새 희망의 터전이라

광야의 길

거친 산자락을
향해 떠나야 하는
나무꾼의 못다한
이야기를 찾아낸다

지게다리 두드리며
내일을 만들고
낫질로 풀을 베어
오늘을 채운다

무거운 등짐에
어깨는 천근 만근
뭉친 근육 풀고파서
너럭 바위에 누웠더니

파란 하늘 구름만
하염없이 흘러가네

어디로 가는걸까
바람에 실려가고
내 희망의 끈을 잡아
사연을 보낸다

산중의 생활

내 생각 너머에 마음속
작은 소나무밭이 있다
그곳에서 송이버섯이 자라서
나를 기다린다

조용히 숨어서 자라는
송이버섯에
내 영혼이 깃드네

소나무와 함께
송이버섯으로 다가와

나에게는
행복으로 심어져
한입 가득 송이향이
정신줄을 놓게 하네

무덥고 습한 여름을 이겨낸
시들지 않는 송이버섯의 생명이
내 앞에 다가왔네

깊은 계곡 산골짜기에는
빛나는 행복이
졸졸졸졸 흐르고
내 생명의 감로수로 숨쉬게 하네

대중의 삶

일찍 떠나지 마라

나는 지쳤다
너도 지쳤다
우리 모두가 지쳤다

그러나 완전히 지친 것은 아니다

도회지의 삶은
대중의 삶이 아니다
외롭고 고독하며 피곤하다

그래서 떠나야 한다
그러나 떠나면서 들어보자

나의 머릿속에 깃든
영혼의 음악을
고통으로 숨쉬는
악기의 선율을

서로의 실타래로 엮어내는
인연의 소리를
떠나면서 들어보자

내 생각으로
새로운 존재로
울려나오는
영혼의 음악을
다시 들어보자

멋스런 세상

고요한 연못의 잉어가 되자
얼굴의 빛과 경이로움을
비춰보자

넉넉한 가을하늘 고추잠자리가 되자
조용하지만 바삐 움직이는 기쁨을
이야기해보자

피어나기를 기다리는 꽃이 되자
내 자랑 아름다움을 뽐내는
기다림을 가지자

꽃밭의 풍요로운 꿀벌이 되자
순간순간 꿀을 찾아 방문하는
행복을 가지자

겨울에 다 떨어진 나뭇잎이 되자
때가 되어 우아하게 떨어지는
순환을 믿고 영원을 이야기하자

이 모든 것들은 끝난 것이 아니다
다시 시작하는 것이다

허수아비

간단하게 옷을 입고
태양과 맞장뜨며 서 있다

육체만이 아니라 영혼까지도
드러내놓고 싸움하자고 말을 건다

심장을 가질 수 있다면
수수밭에 새들과 놀 수가 있다

눈물로 봄 가뭄에 물을 주고
여름의 뙤약볕이 주는 상처와
철새들의 성의없는 입맞춤을 느낀다

짧은 순간이라도 생명이 주어진다면
사랑하는 모든 이들에게 날마다 외치면서
내가 얼마나 사랑하는지를 증명해 보일 것이다

시골의 우물

내 고향 시골마을
동내 어귀에
공동우물이 하나 있다

그 우물에는
슬픈 전설이 있다

고요하며 어두운
우물속을 들여다보다
빠진 경험을 가진 시골꼬마는
숨조차 쉴 수 없던
그곳까지 가봤다

결코 알지 못하는
우리의 삶도
우리가 마시는
시골의 공동우물의 물맛도

차갑고 깨끗한 비밀의 근원을 찾지만
발견하긴 어려울 것이다

무언가를 새롭게 찾고자 힘쓰는
시골꼬마의 추억은
우물속 어두운 곳에서
희미하게 꿈으로 빛나고 있다

위험을 감수하는 것

위험을 만나는 것은
태고의 업보이다

삶에서 가장 큰 위험은
아무 위험도 받아들이지 않는 것이다

위험을 받아들이지 않는 사람은
어떤것도 하지 않고
어떤것도 갖지 못하고
어떤것도 할 수 없다

위험을 피하면
삶의 고통도 슬픔도 얻지 못하고
변화나 성장이나 사랑도 받지 못한다

그러니 위험을 받아들여야만
진정한 삶의 내면을
자유롭게 하는 것이다

순간마다 일어나는 일

일과가 끝나면 우리는 만난다
그리고 내일이면 헤어진다

던져진 쓰레기 봉투에서 벌레가 생긴다
그리고 냄새가 풍긴다

출근길 내가 좋아하던 소녀는 오늘은 보이지 않았다
사무실 상냥했던 여직원이 퉁명스럽다

커피맛이 너무나 쓰다
갑작스럽게 직원이 사표를 낸다

출입구 경비원이 예고없이 바뀐다

개나리 꽃이 지니 잎이 생겨난다
그러니 나무는 풍성해진다

어제 없던 하늘의 구름이 오늘따라 새로 생겨났다
내 마음의 목표가 오늘 따라 바뀌었다
희망도 행복도 갑작스럽게 사라졌다

자연의 풍경

풀잎과 자연의 푸르름에
눈이 시리다

봄이면 봄마다
여름이면 여름마다
가을이면 가을마다
겨울이면 겨울마다

계절의 의미는 바뀐다

바람이 불어오고
햇빛을 비추어
잎마다 옷을 입혀
자랑삼아 뽐내지만

계절의 속성앞엔 속절없다

앙상한 가지와
줄기의 삭막함에
마지막 잎새는
마음이 슬프다

그것이 자연의 풍경이다

제4부

세상의 선물

남을 주는 기쁨

하나의 깃발로 기쁨을 세우라
남을 돕는 즐거움에 욕심의 눈을 멀게 하자

우울함을 멀리하고 뙤약볕을 쪼이자
순수한 마음으로 돕는다면
그것을 흘러가는 구름속에
자신을 받드는 것이다.

그 행복을 가지고자
내 심장을 꺼낸다

운명을 받아들여 기쁨을 보호하자
자신을 멀리하고 이웃을 가깝게 하자

돕는다는 확신으로 기쁨을 지키자
돕는다는 가치는 무한한 것이다

덧없는 삶과 기회주의는
모래사장에 묻는다

남을 위한 진짜 웃음을 가지자
그것은 정녕 기쁨 그 자체이다.

내가 만든 나의 길

항상 궁금했었다

이곳 저곳 길이 나 있지만
오직 한 길로만 다닌다

다른 길로 갈 수 있으면서도
나는 왜 항상 이 길로만
다니는 것일까

그러다 나에게 질문을 던진다

길이 거기에 있으니
그 길로 다닌다는 답변이다

그게 익숙한 나의 습관에서 비롯된 것이다

노방초의 선물

봄을 알리는 전령사로
수많은 발걸음에 밟히고도
살아남았다

매서운 추위를 이겨낸
값진 선물

관심없는 잡풀이라고
무시하지만
봄을 가장 먼저 알리는
전령사인 것이 자랑스럽다

봄소식 새소식을
전하는 몸이라
도도하게 고개들고
아픈 몸을 일으켜 세운다

나눔의 저편에서

병이 들어 갈 곳 없어
현대판 고려장인 요양원에 누워서
아픈 마음 아픈 육신 천당길만 기다린다

세월을 한탄해도 소용없는 일인지라
변해버린 세상사의 삶의 방식만 탓하네

봉사활동 아낙네의
따스한 손길은 어릴적 고향땅
어머니 손의 온기라

어머니가 그리워서 마음의 눈물은 강을 이루네
돛단배 강에 띄워 먼 길을 가려하나
요단강이 먼저 나와 천국길로 인도하네

남을 도운 정성들이 기록된 치부책을
천사가 받아들고 일일이 호명하네

내 이름이 들어있어 세상사 잘살았고
아내 이름 들어있어 세상사 조화였네

부끄러워 안나서니 천사부름 이어지고
표창장을 받아들여 환한 미소 향기롭다

희망도 즐거움도 아름다운 벗일진대
베풀고 나눠주는 같이 가는 동행이다

남을 돕는것

남을 주는 것이 선물이다
내가 받는 것은 선물이 아니다

다른 모든 것은
내가 어떤 정성으로
하는가에 달려있다

반대급부 없는 도움은
최고의 미덕이다

내가 진정 돕는 행위는
인내의 시험장이다

아까움을 멀리하고
더해줌에 행복이라

거절하는 상황에서도
지속적인 시도로
나의 정성 받게 하여
동행으로 이루자

도움의 시도는 한때의 기분만으로 하는 게 아니다
계속하여 이뤄내고
함께하는 마음들을 밤의 불꽃처럼 타오르게 하자

주고 주며 주라
또 주고
또 주며
또 주자
이 세상 끝까지 도우며 주자

그리고 세상의 선물이 되자

빛과 그림자

빛과 그림자는 어디서 오는가
아무도 알 수 없네

안다는 것은
우리가 생각하는 것보다
오래전부터 왔다는 것

우리의 삶에 빛과 그림자 되어
오랜 세월 동안 같이 여행한 것을 잊지 못한다

나는 알 수 있다
그 빛이 숨어 그림자 되고
그 그림자 벗어나 빛이 되는 것을

그 빛은 남을 돕고 행복한 것을 좋아한다
어려운 이웃을 찾고
행복의 가장자리에 낮게 임한다

마음으로 눈으로 손으로 발로 빛나는 것을 사랑한다

그 그림자는 혼자만 즐기며 행복한 것을 좋아한다
내 것만 챙기고 이웃을 모른 체하며
스스로 고립과 어려움에 높게 임한다

머리로 귀로 몸 뒤에 숨는 것을 사랑한다

작은 정성 하나

푸른 잎이 붉은 잎 되어
바람에 날리네

나뭇가지에서 떨어지면서
혼잣말로 중얼거린다

나의 정성이 상냥한
푸른 잎에
고이고이 숨어 있다

숨을 쉴 때마다 창조주를 생각하며
각각의 이름을 기억한다

언제 떨어질지 모르는
불안감을 없애기 위해

깊은 파란 숨을 쉬면서
이름을 기억한다

언제 날릴지도 모르는
나뭇잎의 운명은
모든 호흡을
순간순간마다 잘 하고

순간을 기억하는 데 있다

삶의 태도

대청마루에 누워
천장을 본다

천장의 작은 구멍으로
새털구름 흘러가는
하늘이 열린다

유유자적 낮잠으로
행복을 불러오고

고단한 몸 피로 풀어
여유로움 찾아간다

소슬바람 기다리는
작은 정성 만들어서
새털구름 쳐다보니

시간의 흐름으로
나의 모습 그려본다

유한한 삶 나눔의 영원함

백년도 못 사는 인생
천년을 살 것처럼
욕심에 배불리고
배탈나서 헤맨다

돌아갈 땐 빈손으로
가야할 몸인데도
금은보화 다 가지고
구천길에 다다르려
애걸복걸 한심하다

나이 먹어 지갑 열고
주변 이웃 보살피며
내 만족에 사는 삶이
얼마나 멋진건가

인생이란 덧없는 법
구름처럼 바람처럼
이슬처럼 안개처럼
순식간에 사라질 몸

먹을 만큼 남겨놓고
이웃과 잔치하며
서로를 보듬어보자

만족감은 극에 달해
얼굴은 보살되고
마음은 신이 되어
살아가는 터전 위에
부처님이 따로 없네

마음을 치유한다

긍정을 향해가는
길목에 서서

수많은 장애물과
부딪혀 가네

내 삶에 부정은
외면당한 상처로 얼룩지네

붉은빛 자주색 흉터들
고통의 상형문자들은
나의 몸 뼛속까지
깊게 새기고

암호화된 메시지는
잘못된 길을 안내하네

그 길을 돌아보며
오랜 방황의 줄을 잘랐네

치맛폭의 어린아이

고향땅 어머니의
치맛폭을 그려낸다

산비탈길을 돌고 돌아
고향으로 찾아든다

고향집 찾았지만
형체는 사라지고
집터만 남았다

어머니의 치맛폭이
그리운 어린아이는
목메어 울었다

어머니의 잔등에
둥지 틀고 앉았던
잊혀진 계절은

백발의 머릿결과
잔주름의 골짜기로

형상으로 다가와서
세월만 탓하며
어머니의 치맛폭만 그린다

답을 아는 공부

나는 배웠다
무슨일이 일어나도
오늘따라 좋지 않은 것이 나타나도
삶은 계속되며 이어진다는 것을

나는 알았다
삶을 살아가는 것은
형태나 방법은 비슷할지 몰라도
모든 것이 같지 않다는 것을

나는 보았다
나에게 고통이 있을 때에도
내가 그 고통이 될 필요 없다는 것을

나는 실천했다
이웃과 함께 나누며
동행을 하는 방법을 알아서
누구나가 행복을 찾는 그리고 느끼는 것을
결코 잊지 못한다

그래서 배우고 알고 보았고 실천하는 데서
답을 아는 공부를 한 것이라고

가장 나쁜 일을 하며

나는 스스로
감옥에 들어갔다

벽면수행을 하며
하루를 보낸다

벽안에 있는 나와
벽밖에 있는 너를
구분하게 한다

하지만 이것은 아무것도 아니고

자기 안의 내면에
감옥을 품고 사는 것이다

정직하며 열심히 일하고
착한 사람들이

내가 너를 사랑하는 것처럼
사랑받을 자격이 있는 사람들이다

산다는 것

내가 산다는 것은
지금 살아있다는 것이다
아침에 일어나 밤에 잔다는 것이다
깨어나서 이웃을 생각한다는 것이다
남을 돕고 베풂을 가진다는 것이다

내가 산다는 것은
내가 죽지 않았다는 것이다
내가 멈추지 않았다는 것이다
잠들 때는 나만 생각한다는 것이다
주변을 보고 갈 길을 찾는 것이다

내가 산다는 것은
내면의 아름다움을 느끼는 것이다
주변의 환경에 적응하는 것이다
세상의 아름다움을 만나는 것이다
이 순간이 지나는 것을 느끼는 것이다

세월의 저편

내 나이가
고희가 되었네
뒤돌아보는 인생에서
나를 보았네

세월가는 급류에 몸을 싣고
먼길을 나섰네
주변을 보지 못하고
앞만 보고 살다보니
세월의 저편에 있는
아름다움을 못보았네

이내 마음
고희가 되니
인생조차 잊은 듯하지만
인생이 황금기라
값진 맛을 느껴보네

남은 내일을 기다리며
펼쳐나가는 풍경을
그리면서
세월의 저편에서
나를 보네

늙어가는 여유로움

험난한 세상살이에서
아픔을 가지며
무언가를 말하려는 듯이
새로 나는 흰 머리카락을
한가닥 한가닥
헤아린다

흰 머리카락이
다시 태어나는데
해마다 새로워 보이는 것은
늙어가는 여유로움이 있다

오늘도 내일도
나이는 먹어가고
그 여유로움으로
누굴 위해 베풀건가

주는 손길에
겸손함을 담아내고
새롭게 시작하여
오랫동안 계속하게 해달라고
어딘지 모르게 슬픔을 숨긴다

완벽한 사랑

내 마음의 혼돈을
억압하는 대신에
사랑해야 한다

생각의 창문을
열어두고
누군가를 사랑하는
열정과 환희를 기다린다

창가에 기대어
부는 바람을
포대에 꾹꾹 눌러 담아서
운동장의 한켠에다
고이 모셔 둔다

무더위가 덧칠될 때

하나둘씩 꺼내서
더위 지친 사랑님께
시원함을 선물한다

내사랑님 꽉잡고서
내마음의 술래처럼
하늘에 날려보내면서
노래로써 화답한다

내가 있는 곳

시대의 인물을 찾아나서
그가 있는 곳에 도달하고
기쁨의 길로 나를 인도하네

내가 모르는 그 길
무지의 길을 벗어났네

그 시대의 인물을 보내
내가 갖지 못한 것을
갖기 위한 노력으로
무소유의 길을 가네

내 자신이 아닌 것에
다가가기 위해서는
내가 아닌 길로 가야한다

내가 모르는 것이
내가 아는 유일한 것이고

내가 소유하고 있는 것이
내가 소유하지 않은 것이다

내가 있는 곳은
내가 없는 곳이다

새로운 길 개척하여
뒤돌아 볼 때 만족감의
극치를 가진다

내가 있는 곳
그곳에 나를 세워
나의 길을 찾는다

나눔과 행복

나눔은 주는 것이다
행복은 얻는 것이다

사랑은
잘된 것을 얻는 것이며
진정한 믿음은
사랑으로 희망을 꽃피우는 것이다

타인의 행복을
보기 위한 기다림이
바로 나눔이다

나눔의 아름다움은
가슴속에 꽃잎으로
형형색색 물감삼아
붓 놀림의 수줍음이다

떨리는 손길은
순수함에 이끌리어
그 나눔의 행복찾아
너와 내가 춤을 춘다

이웃과 더불어

산다는 것은
장난이 아니다

진심을 다해
이웃과 더불어 살아야 한다

살아가는 일이
가장 중요하도록
살아가는 기대를 가져야 한다

진심을 다해
삶에 다가가지 않으면
삶은 무의미하다

이웃과 더불어
만들어가는 삶의 모습은
매우 소중하다
진심을 다해 삶을 이끌어야 한다

살아 있다는 것이 죽음보다
더 소중한 일이기에
그 꿈 다시 피어나는
새 희망을 노래하여야 한다

이웃과 함께하는 오늘

이웃과의 조화로움은
그 모습으로 순수하게 나오는 것이다

모든 것은 있는 그대로다
이러한 사실이 기쁘고 즐거운 일이다

누군가에게 이웃과 함께하는
오늘을 그려달라면
곱게 익어진 삶의 노래로
아름답게 그려낼 것이다

이웃은 복잡하게
느끼지 않아서 좋다
있는 그대로 보이는 것이다

이웃은 모두가 고향이고
외로운 가슴들이
서로 기대어 살면서
아름답게 만들어진
나의 거울이다
그 거울에서 잊혀진
나를 자세히 바라볼 수 있다

작은 꽃이 아름답다

작은 꽃이
아름다운 것은
순수 그 자체로
희망을 주기 때문이다

모든 꽃이 같을 수 없어
그리움에 정을 쌓고
작은 뿌리를 곧게 드리운다

여리디여린 작은 몸매로
꽃을 피우는 정성은

함께한 시간만이
작은 꽃잎의 가슴으로 애태움은
갓태어난 아기의 입으로
엄마의 젖꼭지 무는 힘이다

세월이 흘러가고
작은 꽃잎은
또 다른 인연을 주워담네

모진 겨울의 한파를
작은 꽃잎은 다 막아내며
그 고통을 가슴으로 고이 품네

버리는 삶과 봉사

사랑한 내님과
마음을 비우고
또 다시 봉사를 위한
발걸음을 재촉한다

돌이켜보면
지난 세월의 궤적속에서
남을 돕는
나의 만남들에게
손 모아 행운을 빌어본다

이제는 모두 잊고
순간순간 버리는 노력을
거듭한다

행복과 꿈은
노력해서 만들어지는 것이 아니라
남을 돕는 정성의 구슬들이
엮어지면서
자연스럽게 나오는
삶의 교향악이다

다시 나를 본다
버리는 삶속에서
도울 수 있게
인연을 만날 수 있도록
두손 모아 내일을 기도한다

부귀로는 얻는 게 없다

살아있는 인간이여
자신의 운명을
슬퍼하고
자신이 얻은 것인
돈과 아름다운 사랑을
베풀 줄 알아야 한다

나를 뒤덮은
거친 하늘을 보면서 사느니
차라리
남에게 다주고
산넘고 물건너
고향땅 순수의 축복을 가지고 싶다

남을 베푸는 길
멀고 멀어
내 운동화 바닥은
닳고 닳았네

영원한 나의 천사의
엷은 미소는
나에게 준 선물이네

삶의 무게를 견디면서
지나간 세월의 흔적을 본다

버리지 못한 부자의
느린 걸음걸이는
세상의 아름다움과
소통을 못하는
아쉬운 이별의 순간이다

왜 사느냐고 묻거든

높게 핀 흰구름
바람따라 가는길
깊은 골짜기로
시냇물 졸졸졸졸 흐른다

시냇물 흘러흘러
강을 이루고
화합의 웃음소리
귓전을 자극하니
행복으로 다가온다

어울리고 함께 노니면서
희망의 깊은 샘을
여기 저기 만들다
힘에 부쳐 고개드니
먼 하늘은 새파랗고

그곳의 흰구름이
내것으로 다가온다

내 운명을 짊어지고
등을 대고 누웠더니
축복받는 영혼속에
내 영혼도 같이 있다

같이 가는 인생

저 파란 하늘에서
고향의 흙냄새를 찾아본다

지나간 세월속에서
내사랑을 발견한다

고향의 어머니 품속에서
나의 꿈을 찾는다

바람길 모퉁이로
흰구름은 흘러간다

멀리 보이는
저 언덕에
어릴적 친구들의
땀방울이 흘러내린다

기나긴 세월에서
우정을 찾는다

같이가는 인생으로
내 마음의 풍금되어
먼곳으로 노래한다

혼자는 외롭다 둘은 즐겁다
여럿은 행복하다

무거운 바위돌을
나 혼자 치울 수 없었다
혼자는 외로웠다

형제의 길에 놓인 돌
두 형제는 그 돌을 치운다
너무 바빠 서로 못 만난 게 아쉬웠다
둘은 즐거웠다

힘을 북돋아 주는 몇 마디
조언하는 친구들
햇빛을 아궁이 삼아 빗줄기를 삶아 먹었다
여럿이니 행복했다

다 내려놓고

인생은 너무 짧고
동행의 즐거움은
모두 너무 크다

너무 늦게까지
행동을 미루는
그것은 나의 연민을
눈감아 주기에는
역부족이다

내가 하는 일은
문제가 아니다

내가 하지 않고 남겨둔
도움을 주는 베풂이
늦어지는 게 문제다

해질 무렵
나의 마음을
아프게 하는 것이
그것이다

영원으로 가는길

바리바리 싸들고
찾아간 산사에서
조상님께 기도하고
부처님께 기도하네

모든 일 잘되도록
지극정성 앞세우고
두손모아 빌고나니
극락이 따로 없네

농부의 가슴속은
풍년되라 빌어보네

동네 어귀 모퉁이에
천진무구 아이들은
명절이라 기대가 가득하네

할아버지의 주름진 얼굴에
환한 미소가
파도쳐 일렁이네

계절의 풍성함을 가득담아
삶의 이야기가
꽃피우는 사랑방엔
한가위의 아침이
조용하게 문을 연다

희망

불이 켜지기가
무섭게 어둡고 깜깜한
구석에서 서성인다

잠을 깨고 눈을 떠서
잠자리를 벗어난다

하지감자 오목한 부분이
각각 눈에서 싹이 튼다

거름장 지렁이는
삽자루의 고통을
벗어난다

산소가 부족하여
입만 뻐끔뻐끔하는
금붕어의 모습을 본다

푸른잎 매달린
개나리의 가지꺾어
땅바닥에 심어놓고
다음 봄을 기다린다

농부의 땀방울은
햇볕가린 그늘막에
행복으로 다가온다

맑은 공기 공연장은
너와 나의 보금자리다

문학세계대표작가선 969

아름다운 삶의 여정

永昌 한승훈 제2시집

인쇄 1판 1쇄 2022년 5월 6일
발행 1판 1쇄 2022년 5월 13일

지 은 이 : 한승훈
펴 낸 이 : 金天雨
펴 낸 곳 : 도서출판 천우
등   록 : 1992. 2. 15. 제1-1307호
주   소 : 서울시 성동구 무학봉28길 6 금용빌딩 2F
전   화 : 02)2298-7661
팩   스 : 02)2298-7665
http://moonhak.wla.or.kr
E-mail : chunwo@hanmail.net

ⓒ 한승훈, 2022.

값 18,000원

＊도서출판 천우와 저자의 서면 동의 없는 무단 전재 및 복제를 금합니다.
＊저자와의 협의에 따라 인지는 생략합니다.

ISBN 978-89-7954-871-6